BEI GRIN MACHT SICH IHR WISSEN BEZAHLT

AF143679

- Wir veröffentlichen Ihre Hausarbeit, Bachelor- und Masterarbeit

- Ihr eigenes eBook und Buch - weltweit in allen wichtigen Shops

- Verdienen Sie an jedem Verkauf

Jetzt bei www.GRIN.com hochladen und kostenlos publizieren

Hans Kramer

Imperialismus und das Empire - Das Kolonialreich des Britischen Empire

GRIN Verlag

Bibliografische Information der Deutschen Nationalbibliothek:

Die Deutsche Bibliothek verzeichnet diese Publikation in der Deutschen National-
bibliografie; detaillierte bibliografische Daten sind im Internet über http://dnb.d-
nb.de/ abrufbar.

Impressum:

Copyright © 2008 GRIN Verlag GmbH
Druck und Bindung: Books on Demand GmbH, Norderstedt Germany
ISBN: 978-3-656-18928-2

Dieses Buch bei GRIN:

http://www.grin.com/de/e-book/193736/imperialismus-und-das-empire-das-koloni-
alreich-des-britischen-empire

GRIN - Your knowledge has value

Der GRIN Verlag publiziert seit 1998 wissenschaftliche Arbeiten von Studenten, Hochschullehrern und anderen Akademikern als eBook und gedrucktes Buch. Die Verlagswebsite www.grin.com ist die ideale Plattform zur Veröffentlichung von Hausarbeiten, Abschlussarbeiten, wissenschaftlichen Aufsätzen, Dissertationen und Fachbüchern.

Besuchen Sie uns im Internet:

http://www.grin.com/

http://www.facebook.com/grincom

http://www.twitter.com/grin_com

Inhaltsverzeichnis

1. Einleitung

1.1 Kolonialisierung

Im Rahmen des Proseminars *„Das Viktorianische Zeitalter"* haben wir uns mit dem Kolonialreich des Britischen Empire und dem damit verbundenen Imperialismus beschäftigt. In meiner Seminararbeit möchte ich den Verlauf der britischen Kolonialpolitik skizzieren und außerdem auf Ursprünge, Ideen und Ziele dieser Politik eingehen.

Kolonialisierung oder Kolonialismus bezeichnet eine Herrschaftsbeziehung zwischen Kollektiven. Dabei gibt die nicht anpassungswillige Minderheit der Kolonialherren immer die politische und oft auch die religiöse Richtung vor. Häufig sind die Kolonialherren von ihrer kulturellen Höherwertigkeit überzeugt.[1] Ein Ziel des Kolonialismus ist wirtschaftliche Vorteile aus den Kolonien zu erzielen, hierbei geht es vor allem um Absatzmärkte und Rohstoffe. Außerdem versucht man durch die Kolonialisierung weltweite Handelsbeziehungen aufzubauen und damit Kapital zu erwirtschaften. Eine Gewinnmaximierung ist das oberste Ziel und die damit verbundenen militärischen und politischen Maßnahmen unterstützen dieses Streben. Erstmalig findet man Kolonialansprüche beziehungsweise den Drang zur Kolonisation im 15. Jahrhundert wieder. Hier versucht Portugal Kolonialansprüche auf Afrika zu stellen. Dennoch scheint die feudale Kolonisation Amerikas ab 1520 durch Spanien die Epoche mit ihren Entdeckungs-fahrten einzuleiten. Eine Weiterentwicklung oder Zuspitzung der Kolonialisierung entstand mit dem aufkommenden Imperialismus ab 1870. Die gesamte Epoche der Kolonialreiche endete erst im Jahr 1945.

Der Imperialismus wird verstanden als Strategie eines Staates seinen Einfluss auf andere Staaten und Gebiete auszudehnen. Es ist das Streben nach Hegemonie über andere Staaten. Im Imperialismus findet sich eine stärkere nationale Note wieder. Es werden auch Kolonien und Gebiete erworben, welche keinen oder kaum Gewinn versprechen. Es geht, neben der wirtschaftlichen Komponente, immer mehr um Prestige und Sendebewusstsein der Kolonien. Man möchte seine Ideologie und Kultur

---

1 Jürgen Osterhammel: *Kolonialismus: Geschichte, Formen, Folgen* S.21 München 1995

noch mehr als im Kolonialismus auf seine Kolonien projizieren. Während im Kolonialismus der Erwerb bestimmter Kolonien einen bestimmten Zweck hatte, wird dieser im Imperialismus zum Selbstzweck. Seinen historischen Ursprung findet der Imperialismus bereits bei den Großreichen des Altertums. Hier war es das römische Reich später im Mittelalter dann das Byzantinische Reich als Nachfolger des Imperium Romanum.

Als Zeitalter des klassischen Imperialismus oder Hochimperialismus bezeichnet man die Zeit zwischen 1870 bis 1914. Alle europäischen Großmächte betrieben eine aggressive Ausdehnungs- und Territorialpolitik, vornehmlich motiviert durch wirtschaftliche, strategische später jedoch national-psychologischer Aspekte.[2]

---

2 http://de.wikipedia.org/wiki/Imperialismus 28.09.2009 16.30Uhr

2. Das Kolonialreich des Britischen Empire

2.1 Aufstieg des Empire

Der Eintritt der Engländer in die Koloniale Expansion erfolgte relativ spät. Die Inbesitznahme Amerikas ging nahezu vollkommen an England vorbei. Diese erste Zurückhaltung hatte zwei Hauptgründe. Zum einen war England zum Ende des 16. Jahrhunderts damit beschäftigt Irland zu unterwerfen und zu kolonisieren. Der zweite Grund ist, dass die englischen Kräfte kaum für eine überseeische Unternehmung ausreichten.[3]

Am 10.April trat eine Gruppe von Londoner Kaufleuten zusammen, um auf königlichen Rat eine Kolonie zwischen dem 34. und 45. Breitengrad zu gründen. Man errichtete mit Jamestown den ersten Siedlungsplatz der zukünftigen Kolonie Virginia.[4]

Diese erste koloniale Siedlung musste sich vor allem Problemen in der Nahrungsbeschaffung stellen. Im Winter 1609/1610 drohte die Landnahme endgültig zu scheitern, da nur noch 60 Siedler übrig waren. Allein durch die Ankunft einer Flotte konnte die bereits von den Siedlern beschlossene Aufgabe verhindert werden.

Am Anfang der ersten Kolonie auf amerikanischen Boden hatte eine kollektive Privatunternehmung gestanden, welche ausschließlich den Zweck der Kapitalvermehrung verfolgte. Dazu nutze man eine Gesellschaft (Chartered Company), die gleichzeitig eine Vollmacht über Handel und Ausbeutung der Bodenschätze implizierte. Weitere Vorteile dieser Gemeinschaft waren, dass man zusammen Angriffe abwehren, zukünftigen Siedlern englische Rechte und das benötigte Kapital zusichern konnte. Später als die Kapitalansprüche immer größer wurden, zog sich die englische Krone bereits 1609 zurück und die Handelsgesellschaft wurde zu einer klassischen Joint Stock Company (d.h. einer Aktiengesellschaft).[5] Die schwierigen Zeiten der kolonialen Gründung endeten spätestens mit dem wirtschaftlichen Aufschwung nach 1614. Auch wenn dieser eher bescheiden war, löste er jedoch einen immer größer werdenden Strom von Arbeitern aus, der in die neue Kolonie fand. Der Bedarf an Arbeitskräften, vor allem in der wachsenden Tabakindustrie und dem damit verbundenen Anbau- und Vertriebsmonopol, sollte in den nächsten 15 Jahren nicht abreißen. Allmählich gingen die meist chaotischen Verhältnisse in Virginia in geordnete Verhältnisse über, die in

3 Schröder, Hans-Christoph: Englische Geschichte S.78. München 2003
4 Niedhart – Hahn: Geschichte Englands vom 16 bis zum 18. Jahr. S. 100f. München 1993
5 Wende, Peter: Das Britsche Empire. S. 37f. München 2009

vielen Punkten die englische Wirklichkeit widerspiegelten.

Nachdem die erste Kolonie, Virginia, ihren Ursprung im Gewinnstreben englischer Privatleute fand, hat die zweite englische Kolonie in Amerika ihren Ursprung aufgrund politisch religiöser Vorgänge dieser Zeit. Nachdem Heinrich VIII. die Trennung von Rom und die Gründung der anglikanischen Staatskirche betrieb gab es immer mehr Siedler, die aus religiös motivierten Gründen aus England aussiedelten.

Es erfolgte die Gründung der zweiten Amerikakolonie mit den so genannten Neuengland Kolonien. So kam es, dass sich über einige Umwege am 6.September 1620 eine Gruppe von 102 Siedlern auf den Weg nach Virginia machte. Diese kamen während einer beschwerlichen Überfahrt vom Kurs ab und landeten 200 km Meilen nördlich in der Bucht von Cape Cod, wo sie die Siedlung New Plymouth gründeten. Gleichzeitig verabschiedeten sie eine Übereinkunft, den sogenannten Mayflower Compact, in dem sie ihren Willen bekundeten, eine Gemeinschaft mit gemeinsamen Zielen nach bestimmten anerkannten Regeln zu gründen. Dieses Provisorium sollte später ein Zeugnis amerikanischer, demokratischer und politischer Kultur werden.

Aber auch hier waren die ersten Jahre schwer. Man musste viele Opfer unter den Siedlern beklagen. Dar jedoch die erste Ernte sehr gut war, konnte ein Scheitern der Landnahme verhindert werden. Im Verlauf der Jahre rückte man vom kollektiven Gedanken der Bewirtschaftung ab und mit dem Aufteilen des Landes in Parzellen stellte sich Wohlstand ein. Später ging diese erste puritanische Musterkolonie in der großen Nachbarschaftskolonie Massachusetts auf. Deren Gründung entsprang ähnlichen Gründen wie die der Pilgerväter. Jedoch erreichte Massachusetts eine schnelle Konsolidierung als Virginia.[6]

2.2 Weitere Kolonien kommen hinzu

Mit Maryland kam im frühen 17. Jahrhundert eine weitere Kolonie zwischen Massachusetts und Virginia hinzu. Während bei Massachusetts religiöse und bei Virginia ökonomische Absichten der Grund zum Siedeln waren, war es bei der dritten Kolonie eine Kombination aus beidem. Maryland, das war ein Novum, wurde von George Calvert, der 1625 zum Baron Baltimore in den Adelsstand erhoben worden war, gegründet. Dieser wollte seinen Glaubensgenossen ein Refugium bieten, in dem

---

6   Wende, Peter: Das Britsche Empire. S. 49f. München 2009

Katholiken und Protestanten ohne gegenseitige Diskriminierung leben konnten. Nach dem Tod Calverts 1632 führte sein Sohn Cecilius sein Anliegen fort und erhielt das Land zwischen dem 40. Breitengrad und dem Potomac im Süden. Die neue Kolonie wurde nach der Königin Maryland benannt und war gleichzeitig die erste Eigentümerkolonie in Amerika.

Die letzte englische Landnahme in der ersten Phase der Expansion endete in der Karibik, dabei wurde das spanische Florida geographisch und politisch respektiert. Dennoch entstand in der Karibikregion ein Machtvakuum, denn die Spanier fokussierten ihre Anstrengungen auf die kolonialen Angelegenheiten in Mittel- und Südamerika. Englands erste Besitznahme erfolgte auf den nicht von Spaniern besetzten Inseln. Die Inselkette der Antillen stellte somit den Start der Expansion in die Karibikregion dar. Wenige Jahre später kamen das unbewohnte Barbados und Jamaika dazu. Interessant dabei ist, dass der Strom der Zuwanderer aus dem Kernland hier schnell höher war als in den ersten Kolonien. Es war auf den Karibikkolonien einfacher im wirtschaftlichen und sozialem Status zu steigen. Bereits zu Beginn des 18. Jahrhunderts hießen die Karibkkolonien *„the brightest jewel in his Majesty's crown"*. Im besonderen Maße wurde nun deutlich wie abhängig England und damit seine Kolonien von Sklaverei waren und davon profitierten. Menschen afrikanischer Abstammung wurden von den Zuckerplantagen der Karibik bis zu den Tabakplantagen in Nordamerika ausgebeutet.[7]

In den Jahren zwischen 1640 und 1660 erlebte die englische Expansions- und Koloni-sationspolitik eine Pause. Die bis dahin errichteten Kolonien werden als die erste Phase der Landnehmung und Kolonisation durch die Engländer beschrieben.

Erst 1663 folgte mit Carolina eine weitere Kolonie, jedoch der Strom neuer Siedler blieb sehr gering. Die klimatischen Verhältnisse in Carolina waren alles andere als gewöhnlich für die Siedler. Stattdessen wuchs hier die Anzahl der Einwanderer aus südlichen Gefilden wie Barbados. Durch diese verschiedenen Siedlungsursprünge erfolgte auch bald die Kolonie-trennung in Nord- und Südcarolina.

Von größerer Bedeutung für die gesamte britische Kolonialisierung waren die Entwicklung der neuen Kolonien New York, Pennsylvania, New Jersey und Delaware. Mit ihnen wurde erstmals die geographische Bindung zwischen den Siedlungen Neuenglands und den Pflanzerkolonien gemacht. Wieder war der Ursprung dieser neuen Siedlungen der Wunsch des englischen Adels nach Profiten. Im Laufe dieser

---

7 Niedhart – Hahn: Geschichte Englands vom 16 bis zum 18. Jahr. S. 103. München 1993

Unternehmungen fanden nun auch Auseinandersetzungen mit anderen Kolonialmächten wie Holland (englisch- holländischer Krieg 1665-1667)[8] und Schweden statt. Es kam zur ersten Kolonialisierung durch Eroberung. Spannend ist, dass sich für die vier neuen Kolonien kaum englische Siedler fanden. So blieb lange die holländische Bevölkerung die größte nationale Gruppe trotz englischem Besitzes. Mit der 1681 gegründeten Kolonie Pennsylvania endet die erste große Phase der englischen Landnahme in Amerika.[9] Erst fünfzig Jahre später sollte Georgia als letzte der 13 Kolonien folgen. Schnell wuchs die Population in Pennsylvania an und mit seiner Hauptstadt Philadelphia konkurrierte die Kolonie mit New York um den ersten Handelsplatz in Amerika.

Neben den amerikanischen Kolonien fallen in diese Zeitperiode Gründungen weiterer Companys. Darunter fallen die Moscovy Company, Turkey Company, Levant Company, und die East India Company. Letztere ließ sich später in Suarte (1612), Madras (1620), Bombay (1668) und Calcutta (1690) nieder und erwarb somit das Privileg für den Asienhandel.[10] Hier ging es aber weniger um Landnahme und Siedlungsinteressen, sondern eher um Importhandel mit dem Mutterland. Das lag vor allem an dem infrastrukturell gut ausgebautem Handel in Asien. Hier musste keine wirtschaftlich kulturelle Erschließung des Landes dem Kolonialhandel vorstehen.

Der erste Krieg, welcher auch in den Kolonien um die Kolonialansprüche in Amerika ausgetragen wurde, ist der Siebenjährige Krieg (1756-1763) zwischen England und Frankreich. Am Ende siegte England in einer entscheidenen Schlacht auf der Abraham Ebene bei Quebec. Ende 1760 gestand Frankreich sich endgültig den Verlust seiner Kolonien im amerikanischen Binnenland und dem heutigen Kanada ein. Somit war der Kolonialanspruch Englands auf beinahe den gesamten nordamerikanischen Kontinent ausgedehnt.

Zusammenfassend kann man sagen, dass England eine neue Form der europäischen Ausbreitung in Form von Kolonien hervorbrachte. Dies ermöglichte neben dem Handel neue politische, soziale und ökonomische Chancen für die verschiedensten Bürger Englands. Der Zustrom der englischen Siedler stieg im Laufe der Jahre immer weiter an und stellte sogar in Bezug auf die gesamte Bevölkerung mit fünf bis zehn Prozent eine sehr große Anzahl dar. Der größte und relevanteste Punkt ist aber die neue

8
9   Wende, Peter: Das Britsche Empire. S. 56f. München 2009
10 Niedhart – Hahn: Geschichte Englands vom 16 bis zum 18. Jahr. S. 101. München 1993

Kolonialpolitik der Engländer. Sie waren die ersten, welche nicht nur auf die reine Ausbeutung der Siedlungen setzten, sondern wirtschaftlich gesunde Kolonien anstrebten.[11] Trotz des späten Start im Wettlauf der europäischen Mächte um die Kolonien konnte England sich bis zum Ende des 18. Jahrhunderts eindrucksvoll in Amerika etablieren.

3. England wird und bleibt Kolonialmacht

3.1 Ursachen und Ursprung der Kolonialmacht England

Primär ist es die geographische Lage Englands, die eine solche Politik forciert oder gar verlangt. Denn umschlossen von Wasser ist man auf Import und Export angewiesen. Als Grundstein des überseeischen Handels, und damit der Kolonialherrschaft Englands in der Welt, gilt die Flottenpolitik Heinrich des VII. Er baute die englische Flotte, vor allem die Handelsflotte, basierend auf dem Wollgeschäft aus und und trieb damit gleichzeitig die Entwicklung in den Bereichen Schiff- und Seefahrt voran. Die Handelsmarine bildete später auch die Grundlage für die Errichtung der Companys in Asien und Amerika.

Ein weitere wichtiger Punkt war, dass England bei der Landnahme in Form von Kolonien durch europäische Nachbarmächte wie den Niederlanden, Schweden, Frankreich und Spanien Ende des 16. Jahrhunderts nicht länger untätig zusehen konnte. Auch nach dem Tod Elisabeth's I. und im Übergang zur Herrschaft der Stuarts versuchte England an diese alte Politik anzuknüpfen und ebnete somit den Weg zur späteren Kolonialmacht und zur Weltmachts-stellung Ende des 18. Jahrhunderts.

---

11 Wende, Peter: Das Britsche Empire. S. 60-61. München 2009

3.2 Gründe dieser Entwicklung

Der Aufstieg Englands in politisch- und ökonomischer Form hängt eng mit der Kolonialpolitik zusammen. Wenn auch durch politisch- und religiöse Ursachen motiviert und spät gestartet, gelang es in kürzester Zeit eine innovative, nicht auf Ausbeutung basierende Kolonialpolitik, in Nordamerika, zu konstruieren. Spanien oder Holland setzten zu jener Zeit eher den Fokus auf die maximale wirtschaftliche Ausbeutung anstatt eine intakte Infrastruktur zu entwickeln. Der Handel aber, speziell der überseeische Fernhandel mit den Kolonien, bildet das Fundament des späteren älteren Empire und dessen Erfolg. England stieg auch allmählich in die wissenschaft-liche Betrachtung der Seefahrt ein. Mit der Gründung des Observatoriums zu Greenwich von Karl II. gelang es Fixpunkte wie den Nullmeridian oder den Chronometer zu entwickeln. Diese Fortschritte in Technik und Wissenschaft trugen zum Aufstieg zur bestimmenden Seemacht, Anfang des 18. Jahrhunderts, bei. Aber auch Rohstoffe wie Holz konnten lange nicht mehr aus den Binnenvorkommen in England gestillt werden und die Kolonien lieferten somit auch Handels und Marinebaustoffe für das Mutterland.[12] Im ausgehenden 17. Jahrhundert war England im europäischen Seehandel nicht in der Führungsrolle. Dennoch beherrschten die Engländer den kolonialen Außenhandel und damit das Handelsgeschäft der Zukunft. Die Weichen für eine große Zukunft waren gestellt.

4. Das klassische Britische Empire

4.1 Ausgangssituation und Ausblick am Ende des 18. Jahrhunderts

Zum Ende des 18. Jahrhunderts änderte sich die Situation für England und seiner 13 Kolonien in Nordamerika. Es gingen mehrere kriegerische Auseinandersetzungen in Europa und um die amerikanischen Kolonien voraus. Als eine der Folgen verlor England seine amerikanischen Kolonien. Dennoch bedeutete dieser Verlust nicht das

---

12 Wende, Peter: Das Britsche Empire. S. 75f. München 2009

Ende des britischen Überseehandels. Sondern es folgte die Blütezeit des klassischen britischen Empire, dass von nun an bis zu Beginn des 20. Jahrhunderts auf dem Höhepunkt seiner Ausdehnung und Macht stehen wird. Mit einem Viertel der Erdoberfläche und einem Fünftel der Weltbevölkerung, d.h. 400 Millionen Menschen, lag eine massive Kraft Englands vor. Zu diesem Weltreich gehörten nun Kanada, Australien, Neuseeland, welche zwischen 1780-1840 dazu kamen, sowie Indien, Burma, Malaysia und am Ende des ersten Weltkrieges auch noch große Landmassen in Afrika und Vorderasien. Zusätzlich kamen noch maritime Stützpunkte rund um die Welt hinzu.

Nach dem Verlust der 13 amerikanischen Kolonien veränderte sich die englische Kolonialpolitik. Der merkantile Charakter trat immer weiter in den Hintergrund und es kam zu einer weltumspannenden imperialen Politik mit einer Machterhaltung und Ausweitung als Ziel. Hier stellte sich im weiteren Verlauf heraus, dass ein Verlust von Kolonien, wie zum Beispiel der 13 Siedlerkolonien in Nordamerika, nicht immer nur ökonomische und politische Nachteile bedeutet. Der Handel mit den Staaten stoppte nicht, sondern wurde weiter ausgebaut und stabilisiert. Positiver Nebeneffekt war, dass sich England nicht mehr für Verteidigung und Erhaltung des Territoriums der ehemaligen Kolonien verantworten musste. Im zurückliegenden 18. Jahrhundert der weltpolitischen Offensive Englands, zwischen 1689 und 1802, befand sich das Land insgesamt 75 Jahre im Krieg. In etwas mehr als 100 Jahren, gerade nach den Siegen über Frankreich in Nordamerika und Napoleon in Europa, hatte England die Position der unangefochtenen Weltmacht errungen. Dies drückte sich auch in den Worten der National-hymne *Rule Britania, Rule the Waves"* aus. In diesem Zusammenhang entstand auch das Selbstverständnis ein Weltreich wie jendes der Römer zu sein. Diese Assoziation mit der römischen Erfolgsgeschichte beflügelte die Briten dazu, ein Nationalbewußtsein modernster Prägung aufzubauen. Dies wirkte dann entgegen sozialer Gegensätze integrierend[13]

Je weiter sich die internationale Macht des Empire entwickelte, je klarer erkannten die Engländer ihre eigene Abhängigkeit vom Handel. Oberstes Ziel jener Zeit war die Machterhaltung beziehungsweise das Machtgleichgewicht in einem offenen internationalen System in der Welt. In einer zeitgenössischen Analyse zu dieser Thematik hieß es „struggle for the balance of power" ist letztendlich „struggle for

---

13 Niedhart – Hahn: Geschichte Englands vom 16 bis zum 18. Jahr. S. 224f. München 1993

power".[14] Als Ergebnis bedeutet das, wenn der Handel gesichert ist wird auch immer die Macht gesichert sein. Primäres Ziel ist also immer die Erhaltung der weltpolitischen Macht, um den Handel und somit die ökonomischen Bedürfnisse des Staates und seiner Unternehmer zu sichern. Wichtig hierbei ist der Fakt, dass der Binnenmarkt Großbritanniens kaum Sache des Staates war. Dieser übte nur im Export- und Kolonialmarkt einen weitaus größeren Einfluss aus. Außenpolitik, Wirtschaftpolitik und Sicherheitspolitik waren derart eng verzahnt, dass man diese niemals separat betrachten konnte und dies letztendlich auch der Schlüssel des Erfolges war.

4.2 Aufstieg und Niedergang der „Pax Britannica"

England war die dominierende und stabile Weltmacht am Anfang des 19. Jahrhunderts. Die aufkommende industrielle Revolution baute die bereits unangefochtene Vormachtsstellung Englands in der Welt aus. Andere europäische Mächte waren durch Konflikte gebunden und England konnte sich in dieser Zeit völlig auf die Sicherung des Handels konzentrieren. Nominell hatte das Empire nur wenige Kolonien, jedoch bestimmte es den sogenannten Freihandel beinahe komplett. Strategisch war dies ein informelles Weltreich.

Diese andauernde Überlegenheit in wirtschaftlicher Entwicklung und dem Handel im Binnenland, Europa, Kolonien und dem Rest der Welt wird als „Pax Britannica" bezeichnet.

Enden sollte diese Blütezeit mit dem Ende der auferlegten Ordnung des Wiener Kongresses. Deutschland und Italien entwickelten sich zu Nationalstaaaten. Hinzu kam das die industrielle Entwicklung nun auch in weiten Teilen Westeuropas Einzug hielt und die Überlegenheit Englands nicht mehr in dem Maße von vor 30 Jahren signifikant war. Dennoch hatten sich die Briten viele Rohstoffmärkte durch den zeitlichen Vorteil in aller Welt sichern können. Andere zu Großmächten aufstrebende europäische Länder benötigten zur Entwicklung immer größere Rohstoffe und somit wurde England Stück für Stück von seiner Einzelstellung und seinen Monopolen verdrängt. Im Jahr 1870 wurde England in einzelnen Wirtschaftsteilen bereits übertroffen und der Niedergang der „Pax Britannica" wurde eingeläutet. In Handel, Textil- und Metallindustrie verlor England seine Stellung, geriet somit politisch auch immer mehr in eine sekundäre

---

14 The Present State of Europe, London 1750, S. 24f. Verfasser dieses anonym erschienenen Traktats war John Campell, ein zeitgen. anerkannter Autor zu europ. Politik

Position. Ganz endete diese Phase mit einer Rezession zwischen 1873 und 1896.

4.3 England und das Empire im neuen Imperialismus

Immer noch bildete die kleine Insel am Rande Europas den Mittelpunkt eines riesigen Weltreiches. Sein Herrschaftsgebiet erstreckte sich über die ganze Welt. Mit der industriellen Entwicklung und neuen Technologien wurde mit Hilfe von Dampfmaschinen oder Eisenbahnen riesige Fortschritte gemacht. Auch durch diese Schlüsseltechnologien konnten neue Sied-lungsgebiete erschlossen und schneller besiedelt werden. Dadurch konnten somit schneller Rohstoffe ermittelt und gefördert werden. Der Faktor Zeit hatte lange nicht mehr diese umfängliche Bedeutung wie noch vor der industriellen Revolution. Von Mitte bis Ende des 19. Jahrhunderts setzte ein Schub in der Kolonialmacht ein, in dessen Folge England und die anderen europäischen Mächte, aber auch die USA, beinahe auf den gesamten Globus ihre Kolonialherrschaft ausbreiteten.[15] In England hielt man es nun für das Wichtigste, dass man den Handel und die Beziehungen zu allen Kolonien und Handelspartner weltweit maximal intensiviert, um im Machtrennen mit den „neuen Mächten" der Welt (USA, Russland, Deutschland) langfristig mithalten und führend sein zu können. Laut einer Rede von Benjamin Disraeli auf einer Parteiversammlung der Konservativen sollte die britische Empire-Politik nicht nur reagieren, sondern Initiative ergreifen und in die Handlungsoffensive gehen. Weiter proklamiert er, dass man sich nicht mit einer Rolle unter den Mächten zufrieden geben solle, sondern besser ein großes Land sein soll, welches ein Imperium als ein Land repräsentiert. In der Praxis war das eine weitere Entwicklung zum Konkurrenzkampf in Europa und dem Wettlauf in Afrika.

---

15 Wende, Peter: Das Britsche Empire. S. 211f. München 2009

4.4. Die Kolonisation in Afrika

In Afrika lag Mitte des 19. Jahrhunderts eine sehr abstruse Lage vor. Neben der Kapkolonie (Ende 17. Jahrhundert gegründet) besaß England keine weiteren Länder oder Companys in Afrika. Jedoch versucht man nicht erst bei Mangel an Rohstoffen und Märkten nach jenen zu suchen sondern versucht schon eher auf zukünftige Bedürfnisse zu reagieren. So beschrieb Rosebery, dass England den afrikanischen Kontinent fest zur Besiedlung im Auge gefasst und man bereits feste Länder zur Entwicklung ausgewählt habe. Zu diesem frühen Zeitpunkt gab es auf dem gesamten Kontinent kaum weitere Einflüsse anderer Länder. Afrika bestand aus unabhängigen Reichen und Stammesbesitzungen.

Nachdem nun die Landnahmen im pazifischen Raum zu Ende waren und Australien und die zusammengeschlossenen Kolonien in Australien auf dem Weg zum Dominion Status waren gelangten erst große Teile Afrikas in den Besitz Englands. Mit dem Jahr 1982, in dem England Ägypten besetzte, entsprang der Kampf um die Kolonien in Afrika unter den europäischen Mächten endgültig. Im Verlauf weniger Jahre wurden der Sudan (1896-1898), Südafrika (Burenkrieg 1899-1902), Nigeria, Rhodesien, Uganda, Britisch Ostafrika und das Betchuanaland kolonisiert. Außerdem besitzt England um 1914, also kurz vor dem ersten Weltkrieg, kleinere Teilgebiete an der Westküste Afrikas.[16] Als Ausgangspunkte der Eroberungen galten immer die Kapkolonie (Südafrika) und Kairo. Ziel war es eine Nord- Südachse durch den Kontinent zu ziehen. Am Ende des ersten Weltkrieges ging die Version dieser Nord-Südachse auf. Bei Kriegsende viel die ehemalige Kolonie Deutsch- Ostafrika in den Besitz des Empire und einem Bau der Eisenbahnlinie Kairo- Kapstadt stand geographisch nichts mehr im Weg.[17] Besonders der damalige Hochkommissar Südafrikas, Alfred Millner strebte diese Bahnverbindung an die nur in kleinen Teilstücken verwirklicht werden konnte.

Im Jahr 1914 besitzt England beinahe etwa ein Drittel der Landmenge des afrikanischen Kontinents. Dabei besaß man die besten Kolonien wie zum Beispiel Nigeria oder Südafrika mit außergewöhnlich hohen Zahl von Einwohnern und Rohstoffen.

---

16 Niedhart , Gottfried: Geschichte Englands im. 19 und 20. Jahr. S. 120f. München 1987
17 Wende, Peter: Das Britsche Empire. S. 210f. München 2009

5. Schlussbetrachtung

Lord Curzon – Vizekönig von Indien (1898-1905) resümiert um die Jahrhundertwende; „Die Weltgeschichte kennt nichts Großartigeres als das Britische Empire". Zum Ausbruch des ersten Weltkrieges erreichte das Empire seine größte Ausdehnung. Etwa ein Viertel des Erdballs befand sich unter der Kontrolle der Engländer.

Vergleichen kann man das Britische Empire mit dem Imperium Romanum der Antike. In seinem Ausmaß übertraf es das alte Reich aber auch wie dieses brachte es mehr als nur Besatzer oder Ausbeuter. Die Briten brachten ihre Verwaltung, Strukturen, Sprache und Technologie in ihre Kolonien. Man wollte die Welt britischer machen. Man hatte vor allem in der Zeit des Imperialismus das Ziel seinen nationalen Gedanken der Welt zu erklären und zu senden. Das Empire prägte seine Umwelt aber seine Kolonien auch das Mutterland. Noch Heute reisen viele junge Engländer mit Abschluss ihrer Schullaufbahn ein oder mehrere Jahre in eine der Überseekolonien. Vielfach werden Beziehungen zu Auswanderern, Firmen oder familiären Verbindungen über Generationen in die ehemaligen Kolonien gepflegt. Dies wäre ohne die Tradition und die koloniale Vergangenheit Großbritanniens kaum denkbar.

Literaturverzeichnis:

- Fröhlich, Michael: Geschichte Großbritanniens Von 1500 bis heute. Darmstadt 2004

- Haan, Heiner; Niedhart Gottfried: Geschichte Englands vom 16. bis zum 18. Jahrhundert München 1993

- Maurer, Michael: Geschichte Englands. Stuttgart 2000

- Niedhart Gottfried: Geschichte Englands im 19. und 20. Jahrhundert München 1987

- Schröder. Hans Christoph: Englische Geschichte. München 2003

- Seeley, John Robert: Die Ausbreitung Englands. Frankfurt am Main 2008

- Wende, Peter: Das Britische Empire – Geschichte eines Weltreiches. München 2009